1
Der ADVENT ist da!
AF222371

ADVENT

Advent! In Duft und Dämmerstille
ruh'n schlafbefangen Wald und Feld,
doch heimlich geht ein leises Weben
vernehmbar durch die weite Welt,
es hängt die zarten Silbernetze
verschwenderisch an Strauch und Baum,
und zwischen seinen feinen Maschen
blickt still hervor der Weihnachtstraum.

Albert Geiger

2

DIE SCHÖNSTE *Zeit* IM JAHR

Endlich ist es wieder so weit!

War nicht gerade noch Herbst und die Blätter fielen von den Bäumen? Und plötzlich: Der Advent ist da! Endlich können wir in diesen vierundzwanzig Tagen wieder unser Haus festlich schmücken, Kekse und Adventstorten backen, Bratäpfel genießen und uns von der fröhlichen Stimmung auf dem Weihnachtsmarkt verzaubern lassen. Wir können die Kerzen auf dem Adventskranz anzünden und bei einer Tasse Tee zur Ruhe kommen. Wir können Freunde einladen und mit ihnen Weihnachtslieder singen. Wir können andere beschenken und ihnen so eine Freude machen. Das alles tun wir, weil wir uns damit einstimmen auf das Weihnachtsfest – ein Fest der Liebe, der Gemeinschaft und der Freude.

Nadine Weihe

EINE
Ahnung
VON
Weihnachten
3

Verse zum Advent

Noch ist der Herbst nicht ganz entflohn,
Aber als Knecht Ruprecht schon
Kommt der Winter hergeschritten,
Und alsbald aus Schnees Mitten
Klingt des Schlittenglöckleins Ton.

Und was jüngst noch, fern und nah,
Bunt auf uns herniedersah,
Weiß sind Türme, Dächer, Zweige,
Und das Jahr geht auf die Neige,
Und das schönste Fest ist da.

Tag du der Geburt des Herrn,
Heute bist du uns noch fern,
Aber Tannen, Engel, Fahnen
Lassen uns den Tag schon ahnen,
Und wir sehen schon den Stern.

Theodor Fontane

4
Wünsche
ZUM ADVENT

GESEGNET SEI DEIN ADVENT

Ich wünsche dir eine ruhige Adventszeit, Tage, in denen du zur Ruhe kommst, dein Leben zu bedenken und dich zu besinnen auf das, was dir im vergangenen Jahr geglückt, aber auch das, was misslungen ist und was du in Zukunft anders machen willst.

Ich wünsche dir eine frohe Adventszeit, in der du Zeit findest, mit Muße und innerem Frieden über deine Beziehungen nachzudenken, um voller Bedacht und Liebe deine Geschenke auszuwählen und die Wahl deiner Worte zu überlegen, die du in Briefen und Karten verschickst.

Ich wünsche dir eine gesegnete Adventszeit, in der du dich in deinen Gedanken und Gefühlen behutsam einlassen kannst auf die Botschaft von Versöhnung und Frieden und sie in ersten Schritten in deinem Leben umzusetzen vermagst.

Christa Spilling-Nöker

5
Die Kraft der Kerzen

Vier Kerzen im Advent

Die erste Kerze brennt für Stille,
für Ruhe und Gemütlichkeit,
für Herzlichkeit und für den Willen,
zu leben in Behaglichkeit.

Die zweite Kerze brennt für Hoffnung,
für die Kraft und für den Glauben,
für Vernunft und für die Achtung,
und für die weißen Friedenstauben.

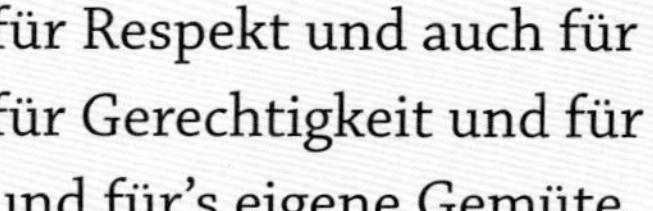

Die dritte Kerze brennt für Anstand,
für Respekt und auch für Güte,
für Gerechtigkeit und für Verstand
und für's eigene Gemüte.

Die vierte Kerze brennt für Liebe,
für das Wichtigste auf dieser Welt,
es gäbe nichts, das uns noch bliebe,
wär nicht sie an Nummer eins gestellt.

Horst Rehmann

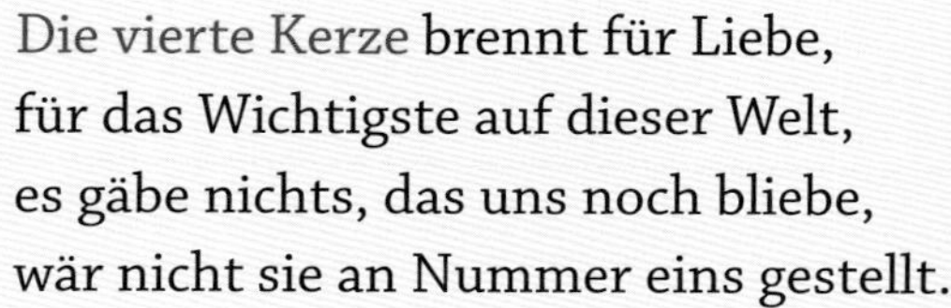

6

GANZ BESONDERE
Nikolausgeschenke

Geben ist seliger als Nehmen

Der Nikolaustag steht ganz im Zeichen des Überraschens und Schenkens. Der Legende nach soll der heilige Nikolaus des Nachts drei Kindern Goldmünzen durchs Fenster geworfen haben, um sie vor den Folgen der Armut zu bewahren. Ein schöner Gedanke, anderen Menschen etwas zu schenken und sie damit zu überraschen.

Wem könntest du heute eine Freude machen? Das muss nichts Großes sein – schreibe jemandem zur Aufmunterung eine Karte. Oder lade eine Freundin auf eine Tasse Kaffee ein und verschenke so deine Zeit. Oder bedanke dich für die tolle Arbeit bei einer Verkäuferin, die in der Adventszeit besonders viel zu tun hat – egal was es ist, es tut der oder dem Beschenkten mit Sicherheit gut!

Nadine Weihe

Anleitung ZUM SCHENKEN

SCHENKEN

Schenke groß oder klein,
Aber immer gediegen.
Wenn die Bedachten
Die Gaben wiegen,
Sei dein Gewissen rein.

Schenke herzlich und frei.
Schenke dabei,
Was in dir wohnt
An Meinung, Geschmack und Humor,
Sodass die eigene Freude zuvor
Dich reichlich belohnt.

Schenke mit Geist ohne List.
Sei eingedenk,
Dass dein Geschenk
Du selber bist.

Joachim Ringelnatz

Es duftet nach Tannen und Wachskerzen

Ein Fest für alle Menschen

Lieber Freund!

Mir ist die ganze Zeit so nach Weihnachten zumute, und mir ist so, als müsste ich zu Ihnen kommen und Ihnen das sagen. Es ist solch ein wunderbares Fest, eins, das lebt und wärmt. Es ist ein Fest für Mütter und Kinder und auch für Väter. Es ist ein Fest für alle Menschen. Es kommt über einen und duftet nach Tannen und Wachskerzen und Lebkuchenmännern und nach vielem, was es gab, und nach vielem, was es geben wird. Ich habe das Gefühl, dass man mit Weihnachten wachsen muss. Mir ist, als ob dann Barrikaden fallen, die man mühsam und kleinlich gegen so vieles und viele aufgebaut hat, als ob man weiter würde und das Gefäß allumfassender, auf dass darin jedes Jahr eine neue weiße Rose aufblühe und den anderen zuwinkt und in sie hineinleuchtet und (...) die Welt erfüllt mit Schönheit und Duft.

Paula Modersohn-Becker an Rainer Maria Rilke

KERZEN-HELLE

wird die Nacht

Weihnachtslied

Vom Himmel in die tiefsten Klüfte
Ein milder Stern herniederlacht;
Es brennt der Baum, ein süß' Gedüfte
Durchschwimmet träumerisch die Lüfte,
Und kerzenhelle wird die Nacht.

Mir ist das Herz so froh erschrocken,
Das ist die liebe Weihnachtszeit!
Ich höre ferne Kirchenglocken
Mich lieblich heimatlich verlocken
In märchenstille Herrlichkeit.

Ein frommer Zauber hält mich wieder,
Anbetend, staunend muss ich stehn;
Es sinkt auf meine Augenlider
Ein goldner Kindertraum hernieder,
Ich fühl's, ein Wunder ist geschehn.

Theodor Storm

10
Wertvolle
Advents-
momente

Zeit ist kostbar

Besonders in der Adventszeit erlebe ich, welch kostbares Gut die Zeit ist. Im Advent ist dieser Schatz von so hohem Wert, weil die Zeit uns schnell fehlt: beim Geschenkekaufen, beim Tannenbaumschmücken, bei den Vorbereitungen fürs Fest. Wie gut tut es mir dann, wenn ich zwischendurch einfach mal die Zeit für mich „anhalte": Ich genieße ganz bewusst die ersten gebackenen Kekse, die die Kinder mit so viel Ausdauer mit mir ausgestochen haben. Und wenn dann mal wider Erwarten die ersten Schneeflocken vom Himmel tanzen, rennen wir als Familie aus dem Haus und spielen mit ihnen Fangen. Danach geht so manche Aufgabe viel schneller und vor allem fröhlicher von der Hand. Was so ein kurzer Moment doch manchmal Großes bewirken kann!

Nadine Weihe

11

DIE ETWAS
ANDERE
Wunschliste

WUNSCHZETTEL

ICH WÜNSCHE MIR …

★ … mehr Zeit für mich selbst,

★ … weniger Pflichtgefühl,

★ … mehr Spaß als „Ernst des Lebens",

★ … öfter mal zu lachen,

★ … meinen Humor nicht zu verlieren,

★ … keine Angst mehr davor haben zu müssen, nicht genügen zu können,

★ … die Fähigkeit, den Augenblick genießen zu können, statt immer planen zu müssen,

★ … das Gefühl, nichts Wesentliches zu versäumen,

★ … mich nicht mehr mit anderen messen zu müssen,

★ … Zufriedenheit,

★ … meine mir ins Herz geschriebene Lebensaufgabe entdecken und gestalten zu können,

★ … Freundinnen und Freunde, die mich verstehen, die mich akzeptieren, mit allen meinen schwachen Seiten, und die dennoch – oder gerade deswegen – zu mir halten,

★ … liebesfähig zu sein und zu bleiben,

★ … selbst geliebt zu werden,

★ … mein Vertrauen und meine Hoffnung nicht zu verlieren, was auch immer geschieht (…).

Christa Spilling-Nöker

12
Ein
LICHT
in
dunkler
NACHT

Es gibt ja dich

Nasskalt und stürmisch ist der Dezembertag. Viele Menschen hasten durch die Straßen. Sie sehen das kleine Mädchen nicht oder wollen es nicht beachten: Es steht da weinend an einer Hauswand zwischen den weihnachtlich strahlenden Schaufenstern, hungrig, frierend, allein und angstvoll.

Ein Mann, der das sieht, sagt zornig zu Gott: „Wie kannst du das zulassen? Warum tust du nichts dagegen?"

Eine Zeit lang sagt Gott nichts; aber in der darauffolgenden Nacht gibt er doch eine Antwort: „Ich habe etwas dagegen getan: Ich habe dich geschaffen."

Überliefert

WEIHNACHTEN
im
Herzen

Weihnachten verstehen

Jemand hat mir zugelächelt.

Jemand hat mir Mut gemacht.

Jemand hat mir zugehört.

Jemand hat mich um Rat gefragt.

Jemand hat Zeit für mich gehabt.

Jemand hat mir liebevoll auf die Schulter geklopft.

Jemand hat sich von mir führen lassen.

Jemand hat mir Vertrauen geschenkt.

Jemand hat mir die Hand gereicht.

Jemand hat mir die Sterne gezeigt.

Jemand hat mich ernst genommen.

Jemand hat Weihnachten verstanden.

Verfasser unbekannt

Mit
PAUKEN
und
TROMPETEN

Ein weiter Raum

Heute ist der dritte Advent. In einer Dorfkirche am Rande Hamburgs wird das Weihnachtsoratorium aufgeführt. (...) Es gibt nur noch Plätze (...) hinten an der Wand. (...) Dieses „Abseits" tut uns gut. Langsam fällt alle Hektik von uns ab, der Atem wird ruhiger.

Der erste Paukenschlag erklingt, der endgültig alles Vergangene, den Alltag mit seiner Arbeit beiseiteschiebt. Jetzt ist anderes dran. Die Flöten und Oboen setzen ein, dann der Chor mit dem gewaltigen „Jauchzet, frohlocket! Auf, preiset die Tage! Rühmet, was heute der Höchste getan ...".

Es ist, als öffne sich vor uns ein weiter Raum, der uns in sein Licht aufnimmt und geradezu befiehlt: „Lasset das Zagen ... verbannet die Klage!"

Wir werden in den Strudel der Freude hineingezogen und von ihm mitgenommen. Weihnachten hat begonnen: das Fest der Freude.

Hanna Ahrens

15
JEDEN TAG IST
Weihnachten,
WENN ...

Wann Weihnachten ist

Es ist Weihnachten,

wenn alle bereit sind für das Fest.

Weihnachten heißt: mit Hoffnung leben.

Wenn sich Menschen die Hände zur Versöhnung reichen,

wenn der Fremde aufgenommen,

wenn einer dem anderen hilft, das Böse zu meiden und das Gute zu tun,

dann ist Weihnachten.

Weihnachten heißt:

die Tränen zu trocknen,

das, was du hast, mit anderen zu teilen;

jedes Mal, wenn die Not eines Unglücklichen gemildert ist, wird Weihnachten.

Jeder Tag ist Weihnachten auf der Erde,

jedes Mal, wenn einer dem anderen Liebe schenkt;

wenn Herzen zufrieden und glücklich sind, ist Weihnachten.

Aus Haiti

16
Wie ein
Gruß vom
STERNENZELT

WEIHNACHTEN

Leise weht's durch alle Lande
wie ein Gruß vom Sternenzelt,
schlinget neue Liebesbande
um die ganze weite Welt.

Jedes Herz mit starkem Triebe
ist zu Opfern froh bereit,
denn es naht das Fest der Liebe,
denn es naht die Weihnachtszeit.

Und schon hat mit tausend Sternen
sich des Himmels Glanz entfacht,
leise tönt aus Himmelsfernen
Weihgesang der Heil'gen Nacht.

Hell aus jedem Fenster strahlet
wundersam des Christbaums Licht,
und der Freude Schimmer malet
sich auf jedem Angesicht.

Lichte Himmelsboten schweben
ungeseh'n von Haus zu Haus;
selig Nehmen, selig Geben
geht von ihrer Mitte aus.

O willkommen, Weihnachtsabend,
allen Menschen groß und klein!
Friedebringend, froh und labend
mögst du allen Herzen sein!

Adelheid Humperdinck-Wette

17
ZEIT FÜR
Weihnachts-
träume

Was ein kleines Licht bewirken kann

Es ist dunkel im Raum. Der Schein der Straßenlaterne zeichnet Schattenbilder an die Wand. Irgendwo müssen doch die Streichhölzer sein. Endlich ertaste ich sie. Mit einem Zischen entzündet sich das Streichholz, die Kerze brennt. Erst flackert sie, doch dann beruhigt sich die Flamme. Ihr kleines Licht strahlt Gemütlichkeit aus. Ich spüre: Ganz langsam steigt eine kleine Weihnachtsvorfreude in mir auf. Eine Kerze brennt, der Adventskranz duftet herrlich nach frischen Tannennadeln, die Kekse warten darauf, genüsslich verzehrt zu werden. Zusammen mit einer Tasse Adventstee genieße ich diesen stillen Moment. Und komme zur Ruhe in dieser manchmal so lauten Adventszeit. Einfach wunderbar!

Nadine Weihe

18

Welch ein
SCHIMMER!

Immer ein Lichtlein mehr

Immer ein Lichtlein mehr
im Kranz, den wir gewunden,
dass er leuchte uns so sehr
durch die dunklen Stunden.

Zwei und drei und dann vier!
Rund um den Kranz – welch ein Schimmer,
und so leuchten auch wir,
und so leuchtet das Zimmer.

Und so leuchtet die Welt
langsam der Weihnacht entgegen.
Und der in Händen sie hält,
weiß um den Segen!

Matthias Claudius

GEHEIMNISSE UND glänzende Geschenke

Wintersonnenmärchen

Ja, wenn ich nicht fürchten müsste, mich grenzenlos zu blamieren, so würde ich irgendeinem verschwiegenen Freunde in aller Heimlichkeit gestehen, dass mir bei den Weihnachtseinkäufen in den Spielzeugläden oft ganz weich und kindisch ums Herz wird. Und nun die Heimlichkeit, wenn man nach Hause kommt.

Welch ein Glanz umflimmert solch ein graupapierenes Paket. Fragende Wünsche, zweifelnde Hoffnungen umflattern es wie Falter mit farbenwechselnden Flügeln! Und wie muss man sich zusammennehmen, um die Kinder zu überzeugen, dass man keine Ahnung habe, womit sie einen überraschen wollen.

Und näher rückt die Zeit (...) Da kommen sie überallher auf weichen, weißen Schwingen, die schönen Weihnachtslieder. Sind sie wirklich alle so schön oder ist es nur, weil bei jedem Ton eine ganze vergangene Weihnacht heraufsteigt?

Otto Ernst

20
STERNE
leuchten
ÜBER
STÄDTE

WEIHNACHT

Zeit der Weihnacht, immer wieder
rührst du an mein altes Herz,
führst es fromm zurück
in sein früh'stes Glück,
kinderheimatwärts.
Sterne leuchten über Städte,
über Dörfer rings im Land.
Heilig still und weiß
liegt die Welt im Kreis
unter Gottes Hand.

Kinder singen vor den Türen:
„Stille Nacht, Heilige Nacht!"
Durch die Scheiben bricht
hell ein Strom von Licht,
aller Glanz erwacht.
Und von Turm zu Turm ein Grüßen,
und von Herz zu Herz ein Sinn,
und die Liebe hält
aller Welt
ihre beiden Hände hin.

Gustav Falke

21
Ein
blühendes
WUNDER

Wie die Christrose entstand

In der Heiligen Nacht sprachen die Hirten zueinander: „Lasst uns nach Bethlehem gehen und sehen, was da geschehen ist." Sie eilten los und nahmen Geschenke mit: Butter, Milch, Wolle und ein Lammfell. Nur ein Hirtenknabe hatte gar nichts zum Schenken. Er suchte nach einem Blümchen, fand aber keins. Da weinte er und die Tränen fielen auf die Erde. Sogleich sprossen aus den Tränen Blumen hervor, die trugen Blüten wie Rosen. Fünf Blütenblätter, zart und weiß, standen zum Kelch zusammen, daraus ein Kranz von goldenen Staubgefäßen gleich einer Krone hervorleuchtete. Voll Freude pflückte der Knabe die Blumen und brachte sie dem Kind in der Krippe. Das Jesuskind legte segnend das Händchen auf das Wunder.

Seit dieser Zeit blüht die Blume jedes Jahr in der Weihnacht auf
und die Menschen nennen sie Christrose.

Legende

22
WEIHNACHTS-
FREUDE
FÜR ALLE

GEBURT CHRISTI

Hättest du der Einfalt nicht, wie sollte
dir geschehn, was jetzt die Nacht erhellt?
Sieh, der Gott, der über Völkern grollte,
macht sich mild und kommt in dir zur Welt.

Hast du dir ihn größer vorgestellt?

Was ist Größe? Quer durch alle Maße,
die er durchstreicht, geht sein grades Los.
Selbst ein Stern hat keine solche Straße.
Siehst du, diese Könige sind groß,
und sie schleppen dir vor deinen Schoß

Schätze, die sie für die größten halten,
und du staunst vielleicht bei dieser Gift –:
aber schau in deines Tuches Falten,
wie er jetzt schon alles übertrifft.

Aller Amber, den man weit verschifft,
jeder Goldschmuck und das Luftgewürze,
das sich trübend in die Sinne streut:
alles dieses war von rascher Kürze,
und am Ende hat man es bereut.
Aber (du wirst sehen): Er erfreut.

Rainer Maria Rilke

23
In
dieser
Heiligen
NACHT

Weihnachts-
segen

In dieser Heiligen Nacht
möge der Friede
dein erster Gast sein,
und das Licht der Weihnachtskerzen
weise dem Glück
den Weg zu deinem Haus.

Irischer Weihnachtssegen

24
Frohe Weihnachten

Die Heilige Nacht

Gesegnet sei die Heilige Nacht,
die uns das Licht der Welt gebracht! –
Wohl unterm lieben Himmelszelt
die Hirten lagen auf dem Feld.
Ein Engel Gottes, licht und klar,
mit seinem Gruß tritt auf sie dar.
Vor Angst sie decken ihr Angesicht,
da spricht der Engel: „Fürcht't euch nicht!"
„Ich verkünd euch große Freud:
Der Heiland ist geboren heut."

Da gehen die Hirten hin in Eil,
zu schaun mit Augen das ewig Heil;
zu singen dem süßen Gast Willkomm,
zu bringen ihm ein Lämmlein fromm. –
Bald kommen auch gezogen fern
die Heilgen Drei König' mit ihrem Stern.
Sie knien vor dem Kindlein hold,
schenken ihm Myrrhen, Weihrauch, Gold.
Vom Himmel hoch der Engel Heer
frohlocket: „Gott in der Höh sei Ehr!"

Eduard Mörike